Être au monde

Être au monde

Être au monde

Être au monde

Aurélie Tacquard

Être au monde

Être au monde

© *2018 Aurélie Tacquard*

Illustrations : Aurélie Tacquard

Édition : BoD - Books on Demand, 12/14 rond-point des Champs-Élysées, 75008 Paris, France
Impression : BoD - Books on Demand, Norderstedt, Allemagne
ISBN : 978-2-322-16536-0
Dépôt légal : Novembre 2018

Être au monde

A toutes celles et ceux qui, de près ou de loin, ont croisé mon chemin,

Merci

Thank you

Gracias

Danke schön

Shukran

Bire po

Dhanyabad

Kop khun kha

Cam on

Grazie

Khop chay

Être au monde

Être au monde

TABLE DES MATIÈRES

L'étincelle 9

1. De l'expérience personnelle … 17

Une étincelle en dormance 17

La petite flamme ravivée 26

2. … à l'universel 35

Ce qui nous donne vie, ce qui nous relie 35

De la source des rêves aux jardins d'Eden 41
   La source des rêves 43
   Faire de son cœur un jardin 48

3. Être, tout simplement 55

Cultiver le détachement 55

Soigner l'essentiel pour une vie pleine de sens 61

Notes de l'auteur 72

Être au monde

L'étincelle

Ce matin, je me réveille et je sens que quelque chose a changé. Quelque chose a changé, oui, mais quoi exactement ?

Est-ce la météo ? Le délicat rayon de soleil passant à travers le rideau mal tiré ? La réjouissance d'un bon petit déjeuner pour satisfaire un estomac qui ne cesse de gargouiller ? (mmh, croquer de juteux quartiers d'orange, quelques tartines de miel recouvertes de sésame et de fleur d'oranger, un thé parfumé …). Non, non, j'ai faim, mais une autre partie de moi cherche une autre nourriture. Un curieux appétit m'a réveillée à l'aube. Je me sens si légère, j'ai envie de réaliser mille et une choses, allant des plus futiles, comme souffler sur un pissenlit en graine, aux plus sérieuses, comme terminer le projet que je dois remettre dans quelques semaines.

Mais quelle est donc cette flamme qui m'anime, qui soudain, a comme redoublé d'intensité ? Quel est ce petit quelque chose qui me réjouit profondément ? Quel est cet ingrédient ? Je dois le trouver, je dois l'identifier. Je voudrais pouvoir l'activer comme ça, comme bon me semble et quand bon me semble. Est-ce

Être au monde

que ça s'apprivoise ? Est-ce que ça se cultive ? Puis-je le faire grandir ? Puis-je le reproduire ? Comment saurais-je ? Je n'ai aucun souvenir de la description d'un tel phénomène dans une encyclopédie. On ne nous enseigne pas cela à l'école, et pour cause, je ne suis même pas à même de nommer ce qu'il m'arrive ! Comment alors partager mon expérience ? Comment en discuter ? Mieux connaître cela pour mieux l'appréhender ? Mince alors !

Pourtant, cela a quelque chose de particulièrement familier. Comme si je retrouvais une part de moi qui, depuis longtemps, m'avait quittée … Oui, c'est bien ça ! Je me souviens maintenant ! Quand j'étais enfant, c'était une évidence. Comme un lien de confiance, je me levais avec, je me couchais avec, il n'y avait pas un instant où je ne vivais avec. Cela m'imprégnais, m'habitait ! C'était dans ma nature. Dans ma nature …

Je me souviens d'un jour tout à fait banal qui, pourtant, a une résonnance bien particulière. J'avais 7 ans. Alors que je jouais avec insouciance, je me questionnais sur la vie d'adulte. Je les observais, je les contemplais. Et je me demandais : « Pourquoi s'infligent-ils tant de stress, tant de tracas ? Ils ont l'air si tourmentés, comme s'ils ne parvenaient plus à voir le monde sublime qui nous entoure. Un voile noir leur couvre le regard, un pincement les prend au cœur. C'est si triste, la vie vaut mieux que cela ...». Alors, à cet instant précis, je me suis fait une promesse : celle de ne jamais oublier ce que c'est d'être un enfant. Je refuse de laisser cette vie en moi s'éteindre à petit feu. La vie est trépidante et je compte bien le prouver. Par ma vie et par le partage de cette flamme qui m'anime. L'enthousiasme est contagieux et il se décuple lorsqu'on l'exprime. Comme les idées, il nourrit une économie exponentielle. Celle de l'humanité, celle qui nous lie, au monde et au plus profond de nos êtres.

Ainsi voilà, ce petit quelque chose a toujours été en moi. Je crois qu'il s'est juste endormi durant quelques années. Mais la question n'est toujours pas résolue. Bien au contraire, me voilà submergée d'une rivière de nouvelles interrogations. Si cela a toujours été en moi, sous quelle forme était-ce ? Comment s'est-il réveillé ? Et pourquoi cela s'est-il éteint ? Est-ce partagé par l'ensemble de l'humanité ? Ou bien est-ce juste moi qui ai un grain ?! Bon d'accord, il peut m'arriver d'être quelque peu excentrique. Il me prend parfois de mettre la musique à fond et danser comme une dingue, tous les matins je me souris devant le miroir (je sculpte mes rides !) et j'ai une consommation relativement importante de cacao pur (toujours bio !). Mais inutile de prendre cet air-là, je suis sûre que vous aussi, qui lisez ces pages, avez quelques habitudes bizarres ! Ainsi, si vous êtes aussi fou que je le suis, peut-être pourrons-nous élucider ensemble le mystère qui nous a conduit jusqu'à ces lignes ? A vrai dire, cela me réjouit beaucoup de vous embarquer dans cette aventure !

Être au monde

Être au monde

Être au monde

Je suis en quête ...

En quête de ce qui nous donne vie

En quête de ce qui nous relie

Être au monde

Être au monde

1. De l'expérience personnelle …

Une étincelle en dormance

1, 2, 3, j'endors une partie de moi, j'ajuste mes rêves, je me conforme à ce que je crois que l'on attend de moi. On vit tous sous le regard des autres. On y accorde plus ou moins d'importance. Il est important de s'intégrer à la société dans laquelle on évolue, d'en adopter les codes, d'en accepter les règles. Nous sommes des êtres sociaux, nous avons besoin les uns des autres, mais surtout, nous nous enrichissons les uns des autres. Nous aimons partager, échanger. Nous aimons, tout simplement.

Cela étant, nous nous enrichissons mutuellement par nos différences ! Nous ne sommes ni des robots, ni des copies conformes. Nous cultivons une multitude de rêves, d'aspirations. Beaucoup convergent, bien sûr, mais chaque vie est unique. Chaque vie représente un extraordinaire potentiel. Je ne dis pas que n'importe qui pourrait assumer de hautes responsabilités ou marquer fortement l'Histoire.

Cependant chacun a quelque chose de bon à partager, chacun apporte sa petite pierre, unique et précieuse.

Il parait donc important, pour soi comme pour les autres, de découvrir son potentiel et de le révéler. Mais, un peu malgré soi, on glisse parfois dans le regard des autres. On se dit : « Si je fais ceci, les autres vont penser cela de moi, de mes choix, de mes actes ». Pourtant cette allégation n'a aucun sens. Chaque personne porte un regard différent sur le monde, donc chacun pourrait avoir un jugement différent. Ainsi il serait plus juste de postuler : « Si je fais ceci, certains me jugeront positivement, d'autres négativement ».

Oser être soi. A condition, bien entendu, que cela ne nuise pas aux autres. Tant que l'on respecte la vie qui nous entoure, il faut être à l'écoute de cette petite voix qui murmure en soi. Cette petite flamme qui nous anime et qui fait de chacun de nous des êtres uniques.

Être au monde

Être au monde

Chaque personne porte un regard différent sur le monde. Comme s'il y avait une multitude de fenêtres ouvrant sur le même monde, mais n'en montrant qu'une partie.
Plus on a de fenêtres, plus on laisse entrer la lumière.

Être au monde

Être au monde

3, 2, 1, je franchis le pas. J'ouvre mon cœur et prends le risque d'aimer. Aimer la vie, aimer les êtres. Oui, cela paraît risqué sinon pourquoi ne le ferions-nous pas tous spontanément ? Mais en réalité, nous le faisons bien plus naturellement qu'il n'y paraît. Enfant, nous SOMMES au monde. Puis, nous ne savons plus trop quoi faire de nous-même, alors nous nous fuyons. Nous oublions cette intarissable source de joie qui coule dans nos veines, qui irrigue notre cœur et nous ouvre la voie du bonheur.

J'ai confiance en la vie. Peu importe les difficultés qu'elle me réserve, je suis je vis. Je guide mes pas là où je le souhaite et j'accepte humblement ce que je ne peux influencer. Ainsi en va le cours de l'existence. A travers ce prisme, nous pouvons trouver un sens. Ce sens ne se dit pas, il ne se conceptualise pas, il se vit. Il peut se transmettre aussi, de personne à personne, à travers l'étincelle de vie qui nous anime. Celle-ci est contagieuse pour qui ouvrira un tant soit peu son cœur.

Embrasser la simplicité, jouir des petits plaisirs de la vie, accueillir les joies qui se présentent à soi. Petit à petit, ma quête s'embellit.

Être au monde

Et vous, quelle étincelle dort en vous ?

Être au monde

Être au monde

Ce livre est comme un bourgeon, qui se déploie au fur et à mesure que j'écris.

Être au monde

La petite flamme ravivée

Quelque chose dans ma lecture du monde a changé, quelque chose en moi s'est transformé.

Être au monde

Ce matin, quelque chose a changé. Je me sens transformée, revivifiée. Ma petite flamme s'est ravivée. Oui, elle s'est ravivée. Je respire, comme si je venais à renaître, je redécouvre la beauté du monde qui nous entoure, je me réjouis d'apprendre, de découvrir et d'entreprendre mille et une choses. La vie est à croquer et je désire intensément m'en délecter. De ses saveurs, de ses couleurs, je souhaite m'enivrer. M'exalter à travers mes sens, à travers mon innocence, de cette beauté, de cette volupté. Que c'est bon d'être en vie ! Je redécouvre des plaisirs simples, comme si j'avais mis le temps sur pause, ne me souciant plus que de l'instant présent. Celui-ci à tant à nous offrir et pourtant, on passe sans cesse à côté comme si le présent à venir était toujours plus important. Mais qui nous dit que celui-ci viendra seulement …

J'ai le sentiment d'être hors du temps, comme si un chapitre de ma vie se clôturait et que le nouveau n'avait pas encore vraiment commencé. Une sorte d'entracte si l'on veut. Les masques tombent, les coulisses s'entrouvrent un instant, laissant entrevoir la mécanique d'une vie bien réglée et bien orchestrée. Il me prend alors l'envie, comment résister, de prendre en main le script et d'assurer la mise en scène. Allons-y, c'est décidé je prends les commandes de ma vie. Vous aussi ?

Soyons fous, soyons audacieux ! La vie est si précieuse, il serait dommage de gâcher ce magnifique présent.

Tiens, avez-vous remarqué ? Cadeau et présent peuvent être synonymes. L'instant présent est donc comme un cadeau. Chouette ! On ne cesse de recevoir des cadeaux alors, à chaque instant, à chaque seconde ! Mais sommes-nous seulement capables de nous en apercevoir ? Avons-nous fait une place dans notre vie pour les accueillir ? Savoir donner, savoir recevoir, cela semble d'une telle évidence. Et pourtant, nous sommes si peu attentifs à la manière dont nous le faisons. Nous faisons davantage attention à ce que nous recevons de négatif, quand bien même nous recevons plus de positif.

Donner apporte encore davantage que recevoir, cela nourrit intensément la petite flamme qui nous anime.

Être au monde

Ce matin je me réveille et je sens que quelque chose a changé.

Une lueur d'espoir, un nouveau regard. Je sens en mon cœur une force tranquille. Un nouveau souffle s'empare de moi, je suis au monde, je suis en vie. Je suis.

Oui, je suis.

J'arrête un instant de m'agiter en tout sens, je calme mes pensées, j'apaise les vagues de ma conscience.

Le monde autour de moi semble avoir des saveurs toutes particulières. Plus intenses. Ou plutôt, c'est moi qui me suis davantage ouverte à elles. Je me délecte de ce brin d'air comme lorsque j'étais enfant. Je savoure la joie d'explorer ce qui m'entoure avec le même enthousiasme que lors de mes premiers pas. Je bois à cette source comme s'il s'agissait du nectar le plus délicieux que je n'eusse jamais goûté.

Je ne sais si c'est moi qui ai volontairement fermé cette voie, si durant toutes ces années j'eusse chassé la flamme de ma vivacité. Aurais-je pu la garder ? Aurais-je pu y travailler ? L'essentiel est bien sûr de l'avoir retrouvée. Et maintenant que je connais le chemin pour y accéder, je peux m'y exercer.

Ce n'est pas facile tous les jours, il m'arrive encore de me laisser submerger par des flots de pensées, de m'agiter dans une hyperactivité effrénée ou de me laisser aspirer par ce vide qui m'étouffe et me fait suffoquer.

Et pourtant, je sais maintenant, que la clé est à ma portée. Ouvrir cette voie en moi pour retrouver la joie. Il ne tient qu'à moi de cultiver ce petit jardin intérieur et, petit à petit, de renforcer mon cœur.

Être au monde

Quelle clé ravivera votre flamme ?

Être au monde

Être au monde

Être au monde

2. ... à l'universel

Ce qui nous donne vie, ce qui nous relie

Peut-on ranimer l'étincelle chez chacun ? Oui ! L'étincelle de vie, celle qui nous relie, au monde et à tous les êtres. Elle se nourrit d'amour, s'abreuve d'enthousiasme, grandit de ses joies. C'est universel !

Qui que nous soyons, où que nous soyons, c'est ce qui nous fait. Notre raison de vivre, notre raison d'être, celle qui nous fait naître et renaître. Elle nous permet de ressentir, de contempler, de savourer, en cet instant précis et en chaque instant de notre vie. Elle insuffle en nous cet ardent désir de vivre et nous ouvre la voie vers un trésor insoupçonné, une richesse intérieure, un souffle de bonheur.

Cette étincelle, c'est celle que l'on allume lorsqu'on partage des moments forts de notre existence. Nous menant parfois à l'euphorie, voire en transe. Elle nous extase, elle nous embrase. Qu'y a-t-il de plus fort que ces moments intenses où chaque être entre en incandescence, qui, comme une petite flamme, se partage en un jaillissement d'énergie à son voisin. Sans aller aussi loin, nous partageons constamment des expériences collectives, que ce soit à deux, à trois, à mille. Nous avons plaisir à partager, à nous enivrer de joies collectives, à nous délecter de rires contagieux, à porter de nobles valeurs, à parler avec notre cœur.

Dans ces moments nous sommes plusieurs, mais nous ne formons qu'un. UN étincelant, tel un diamant à mille et une facettes reflétant une multitude de combinaisons de lumières et de couleurs, telle la diversité de l'humanité.

Les actes et les paroles de l'un ont une influence sur l'autre. Si nous rêvons d'un monde plus joyeux, diffusons notre enthousiasme. Si nous souhaitons une société plus équitable, prenons conscience de ce que l'on reçoit et tâchons d'en offrir autant. Si nous désirons une humanité plus douce, rayonnons d'amour.

Cette voie, elle est à moi, elle est à vous. Chacun de nous a la possibilité de l'emprunter. C'est un chemin universel, qui converge vers notre étincelle. Quelque chose de fort qui nous relie. Quelque chose qui nous donne force et nous adoucit. Une force tranquille et aimante. Une voie paisible et palpitante. L'enthousiasme est de mise, il est votre meilleure arme. Personne ne

Être au monde

peut vous l'enlever, personne ne peut se l'approprier. Être au monde, c'est cultiver cela, ce que personne ne peut vous prendre, ce qui fait votre dignité. Votre dignité humaine, votre dignité d'Être de cet univers, dont nous faisons partie. Respectez la vie et ce respect vous sera renvoyé. Souriez et on vous sourira. Aimez et vous serez aimé. Nos intentions et nos actes agissent comme en miroir. Ainsi notre manière d'Être au monde, de donner et de recevoir, nous prépare à cultiver en nous un espace de joie sereine, de sérénité joyeuse.

L'étincelle se cultive et se partage de bien des manières. Donner la main, par exemple. Les enfants le font souvent et naturellement, les amoureux aussi. Pourquoi ne pas le faire plus souvent avec nos proches ? Cela n'a l'air de rien, et pourtant, le simple contact physique (dans le respect du désir de chacun, bien entendu) peut faire beaucoup de bien à une personne triste ou déprimée. Si les mots manquent, il existe bien d'autres manières de communiquer. La douceur des gestes, de la tendresse, des câlins gratuits. Par petites touches, on guérit les blessures, on apaise les cœurs. De plus, cela apporte autant à celui qui donne qu'à celui qui reçoit. Souvent on n'ose pas, freiné par une certaine pudeur, ou plus ou moins par convention tacite. Mais, sincèrement, qu'a-t-on à perdre à essayer ? Qui n'apprécie pas un bon massage ? Nous avons 5 sens, il paraît donc raisonnable des les stimuler. Goûter, sentir, voir, entendre, toucher, c'est là la base de nos interactions avec le monde. Il y a de quoi savourer, s'émouvoir et s'émerveiller !

Ainsi, (re)apprendre à contempler, à prêter attention à ce que l'on fait, à soi, aux autres ... Cela ne vous apportera peut-être pas fortune sonnante et trébuchante, mais vous pourrez Être plus intensément au monde. La vie est si riche si l'on se donne la peine de retirer nos œillères. Cette richesse est à votre portée, de chacune et chacun d'entre vous. Et en plus, la majorité est gratuite. Ouvrir les yeux et transformer son regard change considérablement le monde qui nous entoure et, par conséquent, notre qualité de vie. N'est-ce pas là le plus important ? L'essentiel ? Quelle est, pour vous, une vie de qualité ?

Être au monde

Être au monde

Désire ce qui advient et vis dans la réjouissance

Être au monde

De la source des rêves aux jardins d'Eden

Être au monde

*Goûter à l'inspiration,
Faire place dans son cœur et dans sa vie,
Pour cultiver les joies et
Cueillir les fruits d'une vie épanouie.*

Être au monde

La source des rêves

Créer. Être au monde et se laisser guider par cette voie sûre et enivrante. Point de chemin tout tracé. A vous d'imaginer le vôtre, à vous de le dessiner. Aménagez-vous du temps, ouvrez votre cœur, faites place dans votre esprit pour accueillir ce petit don de création. Il est à votre portée, lui seul peut vous éclairer sur votre être véritable, la raison de votre vie, votre source de bien-être. Peut-être aurez-vous déjà une idée, peut-être aurez-vous peur de vous tromper. Cela nous l'expérimentons tous, c'est le propre de l'humanité, la condition de notre humble vie, mais aussi son sel, sa substance. Ce qui fait sa saveur, ce que révèle son essence.

Nul besoin d'expérience, il vous suffit de trouver la clé ouvrant la porte de l'inspiration. Que ce soit la nature, que ce soit les sensations, vivez cette vie, soyez au monde. La vie est généreuse et elle vous sourit, si vous lui ouvrez le chemin de votre cœur et prenez soin de ce qui nous relie.

Être au monde

Un rêve est comme une petite graine qui, une fois semée, se développe et grandit, si on en prend soin et qu'on la nourrit.

Être au monde

Ecrivez ou dessinez vos rêves …

… et réalisez-les !

Être au monde

Être au monde

*Je cultive mon bonheur comme
on cultive un jardin*

Être au monde

Faire de son cœur un jardin

Cultiver à l'intérieur le monde que l'on souhaite vivre et voir à l'extérieur.

Oser. Poser le pied dans ce monde inconnu. Aller à la rencontre de l'autre sans savoir ce qu'il en ressortira, ce que cela révélera. Nous sommes tous des êtres à la recherche du bien-être, à la recherche de tas de choses qui pourtant, ne riment pas nécessairement à grand chose. Savons-nous seulement ce que nous voulons, ce que nous désirons ? Et pourquoi nous le souhaitons ? Sitôt acquis l'objet de notre désir, nous désirons autre chose, sans même être capable de savourer ce que nous avons, parfois si chèrement, acquis. Preuve en est que nous n'avons peut-être pas été très pertinents dans notre quête …

Notre quête. Tout le monde est en quête de bonheur, semble-t-il. Il paraît que celui-ci provient principalement de la qualité de nos relations aux autres. Vous y croyez vous ? Moi oui. Je ne le crois pas juste aveuglément comme ça. C'est un constat. Essayez et vous verrez, vous comprendrez.

Cela agit comme en miroir. Nos intentions et nos actes nous imprègnent et nous façonnent. Plus nous aimons, plus l'amour en nous grandit.

Plus nous offrons, et plus nous recevons. Cultiver la joie, partager de l'enthousiasme, essaimer des idées ... Le jardin d'Eden est à notre portée, il nous suffit de le créer. Facile à dire me direz-vous, il y aura toujours des personnes mal intentionnées. Oui, et alors ? Ce qui compte est ce que vous faites, l'impact que vous avez sur le monde, sur les autres. Il suffit parfois de pas grand chose, un rien peut changer une vie. Même un simple sourire chaleureux à un inconnu peut égayer une journée. Cela n'a l'air de rien comme ça, mais cela apporte, à qui l'offre et à qui le reçoit, une chaleur inestimable, une vague de douceur, un brin de bonheur.

Il en va de même pour mille et une joies à partager au quotidien. C'est une posture de vie, un amour à cultiver. Nous sommes tous des êtres précieux, riches de nos différences, mais si proches par ce petit quelque chose qui nous relie, qui donne de la saveur à notre vie et qui nous épanouit. Nos vies sont toutes intimement imbriquées et entremêlées. Tel un diamant à mille facettes, chacun de nous rayonne de son plus beau reflet, contribuant ainsi à la splendeur de l'ensemble. Les camaïeux de lumières qui en résultent, et qui ne cessent de se succéder, en font une danse emplie de rêves et de merveilles, d'élégance et d'universel.

Être au monde

Cette beauté, c'est vous, c'est moi, c'est nous. C'est la vie et toute la richesse des opportunités qui nous sont offertes. De cascades d'émotions aux fleuves de câlins. Allons nous abreuver à la fontaine des connaissances, nous enivrer de nectar de tendresse et nous délecter d'une envolée d'allégresse ! La vie est généreuse et elle nous appartient. Osons rêver, osons aimer, cela vaut le coup d'être tenté !

Être au monde

A quoi ressemble le jardin dont vous rêvez ?
Entourez les mots qui vous inspirent et créez la suite !

Joie

        Sérénité

                Rire

      Amour

Tendresse

      Gratitude

Enthousiasme

              Générosité

Optimisme

      Respect

            Emerveillement

Courage

      Patience

            Persévérance

Tolérance

      Réconfort

            Douceur

… .

Être au monde

Être au monde

Être au monde

3. Être, tout simplement

Cultiver le détachement

Se détacher ... oui, cultiver le détachement est là un point important. On ne peut pas tout contrôler dans notre vie. Cependant, on peut changer la manière dont on accueille ce qui nous arrive et, de la sorte, adoucir notre vie. Si nos sens suscitent en nous des réactions, le détachement permet de ne pas en être esclaves. Si une parole entendue suscite en moi de la colère ou de la tristesse, certes, je ressens ces émotions perçues comme négatives. Cependant, en me détachant de mon égo, je ne me laisse pas submerger par les émotions. Je prends un pas de recul, comme un observateur extérieur, je me dis : « Tiens, je ressens de la colère ou de la tristesse. Pour quelle raison cela m'affecte ainsi ? ». Le détachement peut effectivement passer par une analyse des causes de ce que l'on ressent. En d'autres termes, si l'on comprend mieux la source de ses émotions, on sera plus à même de s'en détacher. Et ainsi, de ne pas en être à la merci, mais bien de poursuivre le cours de notre vie plus sereinement, et d'avoir en retour un comportement plus apaisé.

Pas d'inquiétude, vous détacher des choses et des êtres ne vous videra pas, bien au contraire. Cela permet d'ouvrir votre cœur sur l'essentiel, sur la profondeur de nos êtres, sur la splendeur de ce petit quelque chose qui nous relie. Nous sommes si petits, mais tous ensemble la vie fait sens. Cultiver le détachement ne réduit pas l'amour que nous partageons, mais nous affranchit des tourments de notre vie. Sans toutefois les supprimer, ceux-ci paraissent de moindre importance, ils ne nous submergent plus. Ainsi, accepter la tristesse comme on accepte la joie, nous mène à une sérénité intérieure, qui dure, grandit et nous enveloppe de sa chaleur.

Être au monde

Être au monde

Moins je possède, plus je m'enrichis

Être au monde

Être au monde

Page blanche pour libérer vos pensées.

Les pensées et les émotions passent, tels des nuages, dans votre esprit. Laissez-les librement poursuivre leur chemin sans vous y accrocher.
Votre esprit reste clair et limpide comme le ciel l'est constamment, au-delà des nuages.

Être au monde

Soigner l'essentiel pour une vie pleine de sens

Simplifier sa vie pour en garder l'essentiel. On peut courir toute sa vie après des tas de choses et les obtenir, tout en passant à côté de l'essentiel. La question à se poser avant tout est : est-ce vraiment important ? Quel impact cela aura-t-il sur ma vie et sur celle des autres ?

Tenter sa chance et provoquer le destin. L'avenir est entre vos mains, prenez-en bien soin.

> *Je réalise l'impossible pour devenir enfin libre. Libre de moi, libre de ma propre tyrannie. M'affranchir de mes masques, m'alléger de vains tourments. Apprendre à Être tout simplement.*

Oui, mais la simplicité n'est pas la facilité. Je ne sais pourquoi, on ne cesse de se créer mille et une complications. Savoir apprécier les choses simples n'est pas si aisé dans ce flot de slogans, ce torrent de néant.

Néanmoins, la simplicité est si riche. Mais pour en découvrir la splendeur intérieure, faut-il déjà se libérer, se détacher d'une mer déchainée de pensées. Pensées du passé, réflexions d'avenir, il y a tant de choses à réfléchir. Et quand on est fatigué, on se met devant la télé, pour se vider l'esprit se dit-on. Oui, mais alors, quand Être ?

Être au monde, Être à la vie ? Goûter, sentir et jouir de ce jardin luxuriant qui nous entoure. Vivre intensément l'instant, sans en délaisser ce qui vient au devant.

Être au monde

Être au monde

Apprendre à aller un peu plus lentement pour Être plus intimement.

Être au monde

Être au monde

Ce matin je me réveille et je sens que quelque chose a changé. Mes paupières s'ouvrent dans une quiétude absolue. De mes pleins poumons, je prends une grande gorgée d'oxygène. Elle est douce et fraiche, elle éveille chacune de mes petites cellules, je me sens revivifiée jusqu'aux orteils. D'un mouvement léger et fluide, je me lève et contemple le monde qui m'entoure. Sa beauté me submerge, sa splendeur m'éblouit presque, je sens que je vacille. Ivre de bien-être, mon cœur bat au rythme du monde. Je ne fais qu'un avec l'univers. Je ne fais qu'un avec tous les êtres de la Terre.

Quelque chose a changé ? Oui, indéniablement. Le regard que je porte sur le monde s'est transformé. Intimement animée par cette étincelle de vie, j'ai comme reconstitué le décor. Non pas que les corps et objets aient changé autour de moi. Non, non, non, ce n'est pas cela. Ma posture n'est plus la même, ma disposition d'esprit me permet d'Être différemment. Plus sereinement, plus joyeusement. J'envisage le passé, le présent et l'avenir sous un jour nouveau. Comme dans un rêve sur lequel je pourrais agir, j'ajoute quelques couleurs, je saupoudre de saveurs. Ce rêve, c'est la vie. Chaque instant se succède sur les méandres du temps. Chaque jour, tout paraît semblable à la veille, et pourtant tout évolue,

Être au monde

lentement ou rapidement. L'impermanence de la vie est comme une danse, qui vous invite à esquisser de nouveaux mouvements, à être en harmonie avec les corps qui vous entourent.

La danse, les mouvements, le rythme, naturellement, je me plie à cette envie. Cette énergie qui, si spontanément, jaillit de mon cœur et de mes tripes. En phase avec ce monde intérieur, définitivement tournée vers l'extérieur, je suis, je vis. Chaque jour, l'amour que je porte en moi grandit. Et je désire intensément le faire rayonner envers tous les êtres, toute forme de vie de la Terre. Plus je le partage, plus il se renforce. Plus il prend corps en moi et autour de moi. Telle une multitude de miroirs, cet amour revient vers moi sous toutes sortes de formes. Cela m'enveloppe et m'embrasse, comme dans un cocon tout douillet, je me sens sereine parmi les êtres qui m'entourent. J'ai envie de leur partager cette petite flamme qui m'anime. De leur montrer que transformer son regard est à la portée de chacun.

Qui ouvre la porte de son cœur, s'accorde une chance de goûter au bonheur, car celui-ci viendra de l'intérieur.

Être au monde

Quel est, pour vous, l'essentiel dans votre vie ?

Être au monde

*En quête de sens, en quête de sensationnel
Chercher l'essence, revenir à l'essentiel*

Être au monde

Être au monde

Vivre. Vivre pleinement et se réaliser. Faire jaillir ce petit quelque chose du fond de soi, ce rien qui nous métamorphose. Comme surgissant du néant, il s'empare de nos êtres pour nous faire vibrer de bien-être. Ne cherchez pas, le bonheur est là, il se trouve bien à l'intérieur de soi. Ce n'est pas tant l'extérieur qui est à changer, que le regard qu'on y porte. Celui-ci transformé, et un nouveau monde s'offre à soi.

Être au monde

Notes de l'auteur

Et je pris la plume. M'envolant dans les hautes altitudes, ma pensée s'éclaircit à l'image du ciel. Un ciel limpide et léger, d'un bleu frais et profond, une couleur qui vous enveloppe et vous inspire un profond sentiment de quiétude. Je me sens vivante et reliée au monde.

Je suis en quête. En quête de l'essence, en quête de ce qui fait de nous des êtres vivants, pleinement vivants. Ce qui fait battre mon cœur et donne à toute chose saveurs et couleurs.

Je cherche en moi ce qui ravivera l'étincelle. Comme beaucoup de monde je le crois, je cherche à combler ce petit vide en moi avec une hyperactivité effrénée. Des activités saines et éclairées certes, il n'en reste pas moins que mon esprit a besoin de calme pour abreuver ma petite flamme de vie.

Apprendre à se poser, à Être avec soi-même est peut-être là le plus difficile. Pourquoi avons-nous donc tant de mal à Être tout simplement, sans ce besoin démesuré de distractions omniprésentes ? Pourtant, cela s'apprend, cela s'exerce, améliore considérablement notre qualité

Être au monde

de vie, et en révèle son essence. Une richesse inestimable repose en nous, mais nous en avons délaissé la clé et ignoré son importance. Ce trésor au fond de soi ne demande qu'à être découvert. La vie nous propose chaque jour une multitude d'indices pour le retrouver mais, sans cesse divertis de mille et une manières, ceux-ci sont noyés dans la masse.

Pourtant la clé est là, présente à notre quotidien. Douce, chaleureuse et palpitante, elle nous fait. C'est par elle que nous sommes. C'est cette clé qui nous relie, et qui intimement nous donne vie. Elle abreuve l'étincelle en chacun de nous. Elle se décuple et grandit chaque fois qu'on l'alimente.

Cette clé est d'une simplicité éclatante, elle est à la portée de tous car elle fait pleinement partie de chacun de nous. C'est à la fois la clé et le trésor. C'est elle qui donne saveur à notre vie et nous donne, chaque jour, l'envie de poursuivre notre chemin. Aussi fraîche et délicate que l'aurore, aussi douce et chaleureuse qu'un rayon de soleil. Aussi pure et profonde que l'infini, l'étincelle nous donne vie.

Ce matin quelque chose a changé. Ce matin j'ai retrouvé la clé. Je suis là, humblement moi, et j'aime profondément la vie.

Être au monde

Être au monde

Être au monde

J'aime et la force de mon amour grandit.
Plus j'aime tous les êtres qui m'entourent, plus je m'affranchis d'attachements stériles et vides de toute substance. J'accepte ce flot de vie comme il se présente. Je guide ma petite barque selon les courants qui, à moi se présentent. Mon cœur, joyeusement, dessine le chemin de mon existence dans cette constante impermanence. Puisque la vie est faite ainsi, humblement je m'y plie. Car rien ne pourra m'arrêter dans cette quête de sens, cet ardent désir de partager au monde ce petit quelque chose d'unique que j'ai à offrir. Et de tenter d'éveiller en chacun de vous, la voie vers sa propre petite pierre, unique et précieuse.

Être au monde

Être au monde

Être au monde

Être au monde